Inhalt

Qualitätsmanagement - Ziele und Rahmenkonzepte

Kernthesen

Beitrag

Fallbeispiele

Weiterführende Literatur

Impressum

Qualitätsmanagement - Ziele und Rahmenkonzepte

I. Lukmann

Kernthesen

- Unternehmen, die langfristig wirtschaftlich erfolgreich sind, verfügen häufig über ein effektives Qualitätsmanagementsystem, welches sich konsequent an den Erfordernissen ihrer Kunden orientiert.
- Zur Sicherstellung der Kundenerwartungen sollten sich Unternehmen an bestimmten Qualitätsstandards für ihre Produkte bzw. Dienstleistungen orientieren. Dabei hängt die Qualität von Produkten und Dienstleistungen maßgeblich von der Qualität der internen

Unternehmensprozesse ab.
- Eine kontinuierliche Überprüfung und Weiterentwicklung der Qualitätsmanagementsysteme ist darüber hinaus ein wesentlicher Bestandteil eines erfolgreichen Qualitätsmanagements.

Beitrag

Qualität ist ein entscheidender Wettbewerbsfaktor. Einen wichtigen Einfluss auf die Qualität hat das Qualitätsmanagement eines Unternehmens. Die Auswahl und Umsetzung von Qualitätsmanagementsystemen (QM-Systeme) erwirkt daher einen wesentlichen Beitrag zum Erfolg eines Unternehmens. Da die Qualität eines Produktes bzw. einer Dienstleistung entscheidend für die Kundenbindung ist, stellt sich im Grunde die Frage, wie ein erfolgreiches Qualitätsmanagement umgesetzt werden kann.

QM-Systeme sind in vielen Unternehmen seit langem eingeführt. Im Rahmen der Einführung von Qualitätsmanagementsystemen sind dabei ganze Abteilungen entstanden, die den Aufbau und die regelmäßige Weiterentwicklung dieser Systeme verantworten. Eines der bekanntesten Qualitätsmanagement-Systeme ist zum Beispiel die

ISO 9001/2000, die sich grundsätzlich für Industrie-, Handels und Dienstleistungsunternehmen anwenden lässt. Die ISO 9001 ist ein Modell, welches sich stark an den Prozessen eines Unternehmens orientiert. Diese Prozesse können anschließend über externe Auditoren überprüft und im Erfolgsfall zertifiziert werden.

Der Begriff Qualität selbst ist ebenfalls genormt und umschreibt die Qualität der Merkmale eines Produktes oder einer Dienstleistung dann als optimal, wenn diese den Anforderungen und Erwartungen der Kunden entsprechen. Die Zufriedenheit des Kunden ist mithin der zentrale Ausgangspunkt eines erfolgreichen Qualitätsmanagements. Daher ist neben dem Qualitätsstandard von Produkten oder Dienstleistungen auch die Kommunikation bedeutsam. Damit ist die Qualität von Beratung und Einhaltung von Absprachen gemeint. (1), (5), (13)

Kernelemente des Qualitätsmanagements

Methodisch gibt es eine Vielzahl an Ansätzen zur Umsetzung des Qualitätsmanagements. Ein Unternehmen daher unter vielen Modellen wie zum Beispiel das EFQM-Modell oder die Kaizen Methode auswählen. Bei der Auswahl des passenden Modells ist es wichtig, dass mit dem System ein Qualitätsbewusstsein im Unternehmen und in der Belegschaft gefördert wird.

Bei der Einführung eines QM-Systems werden im Unternehmen alle internen Prozesse und Arbeitsabläufe sehr detailliert analysiert. Diese werden anschließend für die Belegschaft des Unternehmens transparent gemacht, so dass alle Mitarbeiter in entscheidender Weise Verbesserungspotentiale aus den QM-Systemen erkennen und nutzen können. Hilfreich für die Transparenz von QM-Systemen sind beispielsweise Qualitätsmanagement-Handbücher, häufig auch als das so genannte QM-Handbuch bekannt. In diesen Handbüchern werden die Ergebnisse der Prozess- und Arbeitsablaufsanalysen dargestellt und gleichzeitig dokumentiert. Detaillierte Prozessbeschreibungen sowie eine ausformulierte Qualitätspolitik und daran geknüpfte Ziele der Geschäftsführung bzw. des Teilbereiches bilden die im Alltag die Arbeitsgrundlage für alle Mitarbeiter, die in diesen Handbüchern Verfahrens- und auch Arbeitsanweisungen nachvollziehen können. (4), (9), (12)

Leitfaden zur Einführung eines QM-Systems

Am Beispiel der Normenreihe ISO 9000:2000 lassen sich Grundsätze zur Optimierung eines QM-Systems ableiten. Die wichtigsten Faktoren bei der Einführung eines QM-Systems sind demzufolge beispielsweise eine prinzipielle Ausrichtung des QM-Systems an die Anforderungen und die Zufriedenheit der Kunden. Daneben ist es wichtig, dass die Unternehmensführung eine Arbeitsumgebung schafft, in welcher alle Mitarbeiter an der Verwirklichung der gesetzten Unternehmensziele teilhaben können. Im nächsten Schritt ist es notwendig, dass alle Prozesse im Unternehmen transparent gemacht werden, so dass alle Tätigkeiten und Abläufe im Unternehmen bekannt sind. Dies führt wiederum dazu, dass die wesentlichen Unternehmensziele durch einen systemorientierten Managementansatz für alle Mitarbeiter verständlich werden können. Dies ist wichtig, da nur auf diese Weise alle Prozesse, die sich gegenseitig beeinflussen verstanden und entsprechend gelenkt werden können. Schließlich ist in einer sich wandelnden Wirtschaftswelt eine kontinuierliche Verbesserung der QM-Systeme bedeutsam. Nur durch die laufende Verbesserung eigener Unternehmensleistungen kann ein Unternehmen nachhaltig erfolgreich sein. (5), (12)

Qualitätsorientiertes Führen

Die Fähigkeit des qualitätsorientierten Führens besteht darin, kontinuierlich die wesentlichen Fragen des Qualitätsmanagements im Arbeitsalltag zu stellen und den eigenen Bereich unter dieser Prämisse zu führen und zu organisieren. Hierzu gehört beispielsweise ein klarer Fokus auf die handelnden Personen im Unternehmen, die Abläufe im eigenen Bereich sowie die Organisation der Leistungserbringung der eigenen Mitarbeiter im Sinne der Zielsetzungen des Unternehmens. (2), (3)

Argumente für eine Einführung eines QM-Systems

Neben den Zertifizierungen für Unternehmen, die als Imagesteigerung und Aushängeschild für die Umsetzung von Qualitätsstandards im Unternehmen dienen, bieten QM-Systeme weitere Vorteile. So werden durch die Einführung von QM-Systemen in der Regel zwar zunächst Kosten verursacht, die jedoch langfristig durch transparentere Abläufe und verbesserte Strukturen zu Kostenreduzierungen für das Unternehmen führen. Ein weiterer Vorteil ist die hierdurch besser organisierte Zuordnung von Zuständigkeiten und Verantwortlichkeiten im Unternehmen. Die Verbesserung und Vereinfachung von Arbeitsabläufen kann auf der Grundlage transparenter Prozesse leichter und effizienter umgesetzt werden. Darüber hinaus unterstützen QM-Systeme die Unternehmensleitung bei der Führung der Organisationsbereiche dadurch, dass mit Hilfe von QM-Systemen ein systematisches Vorgehen bei Entscheidungen sowie sachliche Entscheidungsverfahren umgesetzt werden können. Dies stärkt die Führungssicherheit und Klarheit der Führungsebenen eines Unternehmens. (9), (11), (13)

Fallbeispiele

Im Rahmen einer Gemeinschaftsaktion haben der Steuerberaterverband Westfalen-Lippe, 44 Mitgliedskanzleien sowie die verbandseigene Akademie für Steuerrecht und Wirtschaft ein QM-System eingeführt. Am 18. Dezember erhielten alle Beteiligten die ISO-9001-Zertifizierungsurkunden vom TÜV-Süd. Umgesetzt wurde die Einführung der QM-Systeme mit Hilfe einer so genannten

Matrixzertifizierung. In Zusammenarbeit mit einer Coaching Gesellschaft konnten in den Betrieben der Beteiligten sowohl Managementprozesse als auch eine entsprechende Kanzleipolitik und -struktur definiert werden. Daneben sind Buchhaltungsprozesse sowie ein Dokumentenmanagement umgesetzt worden. Eine solche Vorgehensweise reduziert sowohl Kosten als auch den Aufwand der Beteiligten. Die Definition und Festlegung von Qualitätsstandards ist laut Verbandsgeschäftsführer RA Hans-Günther Gilgan ein entscheidender Wettbewerbsvorteil der beteiligten Kanzleien gegenüber dem Markt. (6)

Weiterführende Literatur

(1) Standards garantieren Frische
aus Lebensmittel Zeitung 41 vom 12.10.2007 Seite 083

(2) Qualitätsmanagement
aus "a3-eco" Nr. 11/07 vom 31.10.2007 Seite: 44

(3) Qualitätsmanagement
aus "a3-eco" Nr. 07-08/07 vom 02.08.2007 Seite: 40

(4) Qualitätsmanagement ist keine Verfahrensfrage
aus Betriebswirtschaftliche Blätter, Juli 2007, Nr. 07, S. 363

(5) Damit der Kunde wiederkommt

Qualitätsmanagement hat sich im produzierenden Gewerbe etabliert. Aber auch Dienstleister entdecken ihre Kundschaft neu und merken, dass Zufriedenheit sich auch systematisch erhöhen lässt dsfgsd fs
aus Financial Times Deutschland vom 27.09.2007, Seite SA1

(6) Kanzleien lassen TÜV ihr Qualitätsmanagement besiegeln
aus SteuerConsultant, Vol. 1, Heft 01/2008, S. 72

(7) Qualitätsmanagement-Richtlinie
aus Ärzte Zeitung Nr. 16 vom 31.01.2008, Seite 14

(8) ALPHA-FM-STUDIE Qualitätsmanagement: Nichts geht ohne DIN EN ISO 9001:2000
aus Immobilien Zeitung Nr. 22 vom 19.10.2006 Seite 40

(9) Qualitätsmanagement-Methode zeigt Zusammenhänge auf Six Sigma eignet sich auch für die IT
aus Computer Zeitung, Heft 16, 2008, S. 20

(10) Qualitätsmanagement: Sinnvoll, aber zu bürokratisch
aus Deutsches Ärzteblatt 45/104 vom 09.11.07 Seite 3061

(11) Nahtstelle als neuralgischer Punkt
aus Fleischwirtschaft 04 vom 20.04.2007 Seite 089

(12) Qualitätsmanagement, Teil 3 Gezielt erfolgreich - Effektives QM-System trägt zum Unternehmenserfolg

bei
aus kfz-betrieb Nr. 37 vom 14.09.2006 Seite 032

(13) Qualitätsmanagement, Teil 1 Bis der Kunde zufrieden ist - Der Begriff "Qualität" betrifft alle Unternehmensbereiche
aus kfz-betrieb Nr. 34 vom 24.08.2006 Seite 025

Impressum

Qualitätsmanagement - Ziele und Rahmenkonzepte

Bibliografische Information der deutschen Nationalbibliothek

Die Deutsche Nationalbibliothek verzeichnet diese Publikation in der deutschen Nationalbibliografie; detaillierte bibliografische Daten sind im Internet über http://dnb.d-nb.de abrufbar.

ISBN: 978-3-7379-0209-0

© 2015 GBI-Genios Deutsche Wirtschaftsdatenbank GmbH, Freischützstraße 96, 81927 München, www.genios.de

Alle Rechte vorbehalten. Dieses Werk ist einschließlich aller seiner Teile – z.B. Texte, Tabellen und Grafiken - urheberrechtlich geschützt. Jede Verwertung außerhalb der Grenzen des Urheberrechtsgesetzes bedarf der vorherigen Zustimmung des Verlags. Dies gilt insbesondere auch für auszugsweise Nachdrucke, fotomechanische Vervielfältigungen (Fotokopie/Mikroskopie), Übersetzungen, Auswertungen durch Datenbanken oder ähnliche Einrichtungen und die Einspeicherung und Verarbeitung in elektronischen Systemen.